青少年親子教育課程

the parenting teenagers course

給育有11至18歲孩子的父母

> 來賓手冊

Guest Manual

青少年親子教育課程── 來賓手冊
The Parenting Teenagers Course - Guest Manual
(Traditional Chinese version)

出版者 Published by AAP Publishing Pte Ltd

ISBN: 978-981-07-5929-2

目 錄

本手冊是專為配合青少年親子教育課程DVD或現場講課而設計的，如欲了解如何參加課程或舉辦課程，請看第78頁。

致謝

由衷感謝以下協助與鼓勵我們製作青少年親子教育課程的人士：

羅伯．帕森斯（Rob Parsons），謝謝你的著作與演講所給予的靈感、實例和故事。

羅斯．甘伯（Ross Campbell），感謝你書中的真知灼見，尤其有關管理怒氣方面。

蓋瑞．巧門（Gary Chapman），謝謝你的五種愛之語的觀念，不但幫助了我們，也幫助了許多父母。

李力奇與李希拉

Nicky and Sila Lee

本書所採用有版權的材料經作者和出版社全力連絡，並一一蒙允，謹在此致謝，如有任何不經意的遺漏，我們要向相關人士致歉，並保證必在將來所有版本中確保應有的版權聲明。

本書第15頁作業練習摘自沃爾特．穆勒（Walt Mueller）所著《了解今天的青少年文化》（*Understanding Today's Youth Culture*, Tyndale House Publishers, 1994），蒙允轉載。

第23頁表格摘自提姆．史密斯（Tim Smith）所著《酷爸酷媽》（*Almost Cool*, Moody Publishers, 1997），蒙允轉載。

第32頁圖表摘自蘇．帕嫚（Sue Palmer）所著《有毒童年》（*Toxic Childhood*, Orion Books, 2006），蒙允轉載。

第63頁安全上網聰明守則（SMART）版權所有 © Childnet International 2002-2011，蒙允轉載。網址：**childnet.com**

第70-72頁「面對挑戰」作業練習摘自奎因夫婦（Michael and Terri Quinn）所著《為人父母能做什麼？》（*What Can a Parent Do?*, Family Caring Trust, 1986），蒙允轉載。

1 記住最終的目的

上集　了解過渡時期

課程目標

- 強化你們與青少年子女的關係

課程內容

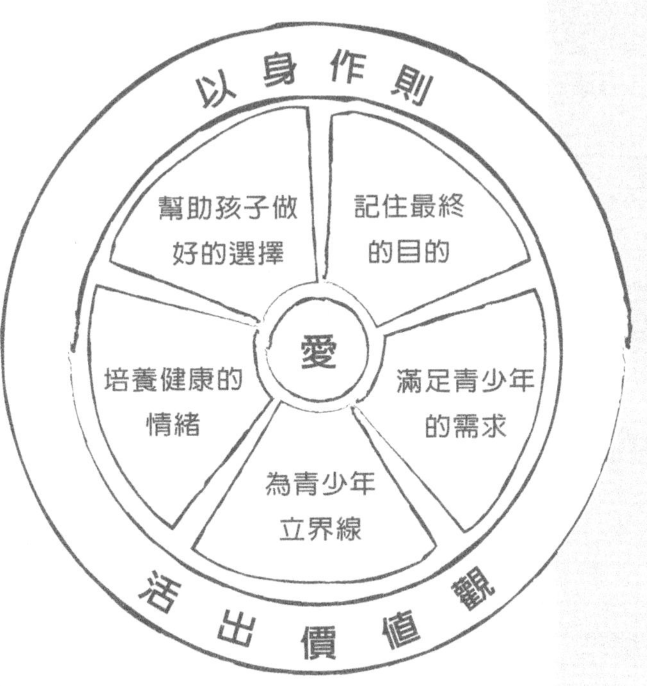

課程原則

- 比較是無益的：每個家庭都是獨一無二的，每對父母都有自己的教養風格
- 掌握教養青少年的大原則
- 與其他父母討論的價值

進入新的階段，教養方式需要調整

1. 需要調整

- 青少年階段是一個過渡時期
- 他們在改變，我們教養的方式也需要改變
- 青春期的起始
- 荷爾蒙變化的影響
- 青少年不但需要引導與界線，也需要了解與接納

2. 了解壓力

- 青少年所面對的壓力
  - 消費者社會
  - 成就的期待
  - 想要符合他們的同儕團體
- 家有青少年的父母所面對的壓力
  - 快速的生活節奏
  - 情感能量的要求

3. 記住長遠的目標

- 與我們的青少年子女維持並建立良好的關係
- 幫助他們成為成熟、負責任的成人
- 培養他們的品格，幫助他們學習好的價值觀

5和10週課程使用

練習

培養品格

最終你希望能培養出具備什麼樣品格的孩子？請具體寫下來（例如：誠實、自制力、尊重權柄、信實、負責任）。

1. ______________________________

2. ______________________________

3. ______________________________

4. ______________________________

你如何幫助青少年子女培養出這些品格？

1. ______________________________

2. ______________________________

3. ______________________________

4. ______________________________

寫好後，與他人（一或兩位）討論。

10週課程使用

小組討論

1. 你認為此刻你家青少年子女所面對最大的壓力是什麼？

2. 你所面對的最主要壓力又是什麼？

3. 什麼事對你與青少年子女建立良好關係有幫助？

4. 你如何幫助青少年子女培養上述練習中所列的品格？請舉其中一項品格來說明你目前的做法。

家庭作業——完成第15頁的**練習 1**

下集　建立穩固的關係

家庭的角色

- 家庭對青少年仍然很重要
- 家庭環境所呈現出的就是家庭生活的狀況

1. 讓家成為安全和接納的地方

- 青少年子女將面對各種風暴：失望、失敗、拒絕，我們的家可以成為他們的避難所
- 當他們受傷害的時候，需要我們安慰，平撫他們的心情
- 具體作法就是容許並傾聽他們說出心裡話
- 要與青少年子女有效溝通，需要時間
- 和青少年子女討論甚至辯論，效果都勝過單單訓話和批評他們

2. 讓家成為學習良好價值觀的地方

- 教養青少年，身教的影響大於言教
- 學習作誠實、慷慨、好客的人；學習處理怒氣、解決衝突、道歉與原諒
- 「有其父必有其子」、「有其母必有其女」——青少年從父母身上學到的，遠多過從其他人，所以我們要具有值得學習之處

3. 讓家成為好玩的地方

- 作父母的我們可能需要放輕鬆一點
- 青少年喜歡待在好玩的地方
- 他們能帶朋友回家嗎？想想如何在你們家創造一個青少年友善的空間
- 輕鬆的家人共餐時間
- 一起歡笑
- 全家渡假的價值

4. 讓家成為學習人際關係的地方

- 青少年透過觀察成人的關係，來學習互動
- 夫妻若共同教養，一定要經營好彼此的關係（請考慮參加「美滿婚姻課程」）
- 若是單親教養，請儘可能與前任配偶建立好的關係（若對方仍有連絡的話）
- 和其他成人培養友誼
- 一起用餐──讓青少年學習講話、傾聽、討論事情，以及尊重他人觀點。
- 定期安排家庭時間──全家人一起玩得開心，有助於建立親子關係和手足關係（不妨每週有一晚訂為「家庭之夜」）。

5週課程使用

小組討論

1. 你認為你家青少年子女此時所面對的最大壓力是什麼？

2. 你所面對的最主要壓力又是什麼？

3. 你如何協助與支持你的青少年子女？

4. 你們家有固定的家庭時間嗎？

5. 你們全家最成功的一次渡假是什麼樣的？

家庭作業——完成第15-17頁的**練習1**和**2**

10週課程使用

小組討論

1. 你能如何協助支持你的青少年子女？

2. 你想要把哪些價值觀傳給下一代？

3. 你希望你們的家庭生活／你們的家能做什麼改變？

4. 你們每天／每週有固定的家庭時間嗎？

5. 你們全家最成功的一次渡假是什麼樣的？

家庭作業——完成第16-17頁的**練習2**

家庭作業

練習 1（和你的青少年子女討論）

問問你家青少年子女，以下哪件事對他（們）而言最重要：

1. 父母不會在他們面前吵架。
2. 父母對待家庭成員一視同仁。
3. 父母都誠實。
4. 父母能容忍他人。
5. 父母對他們帶回家的朋友表示歡迎。
6. 父母能建立家庭的認同感。
7. 父母能回答他們的問題。
8. 必要的時候父母能實施處罰，但不要在別人面前，尤其不可當著他們朋友的面前。
9. 父母能留意到優點，而不是光看缺點。
10. 父母協調一致。
11. 父母不會對他們大吼大叫。
12. 父母不會給他們施加壓力。
13. 父母會傾聽他們說話。
14. 父母會花時間和他們在一起。

摘自沃爾特．穆勒《了解今天的青少年文化》
（Walt Mueller, Understanding Today's Youth Culture）

練習 2

你平均花多時間和你的青少年子女在一起？

1. 週間的早上你會見到他們嗎？會／不會

若會，見面時間多長？＿＿＿＿＿＿＿＿＿＿

2. 週間的晚上你會見到他們嗎？會／不會

若會，見面時間多長？＿＿＿＿＿＿＿＿＿＿

3. 週末的時候你會花時間和他們在一起嗎？會／不會

若會，週六在一起的時間有多長？＿＿＿＿＿＿＿＿＿＿

若會，週日在一起的時間有多長？＿＿＿＿＿＿＿＿＿＿

4. 你們有全家在一起的時間嗎？有／沒有

若有，多久一次？＿＿＿＿＿＿＿＿＿＿

每次在一起的時間有多長？＿＿＿＿＿＿＿＿＿＿

5. 你會花時間和每個孩子單獨在一起嗎？會／不會

若會，多久一次？＿＿＿＿＿＿＿＿＿＿

每一次的時間有多長？＿＿＿＿＿＿＿＿＿＿

練習 2（續前）

6. 如果你想改變你們家的例行常規，請把你想做的改變寫下來。

週間：

____

____

____

週末：

____

____

____

2
滿足
青少年的需求

複習

第一課：記住最終的目的

- 幫助青少年子女邁向成熟與獨立
- 我們的家需要成為：
  - 安全的地方
  - 學習人生重要價值觀的地方
  - 好玩的地方
  - 學習建立關係的地方
- 營造健康的家庭生活
  - 全家一起用餐
  - 家庭時間（一起玩得開心）
  - 全家渡假

討論

- 第一課之中與你最切身相關的是什麼？
- 自從上完課後你有沒有安排「家庭時間」？

上集　五種愛之語

建立青少年的自信

- 青少年子女最大的需要就是，在他們人生的這段重要的過渡期中感到被愛、被接納。這段過渡期間是：
  - 自我發現的時期
  - 推向獨立的時期
  - 許多自我質疑的時期
  - 同儕壓力

- 他們會經歷許多的自我懷疑，感覺笨拙而不討人喜歡
- 自信則來自於：
  - 安全感（知道他們深深被愛）
  - 自我價值（知道他們是有價值的人）
  - 意義感（知道他們活在世上是有目的）
- 設法保持他們的情感槽（emotional tank）滿了愛：
  - 他們的行為表現就像指示器顯示他們覺得被愛的程度
- 知道他們是被愛的且被接納的，長期來看對他們大有好處：
  - 能幫助他們抗拒同儕壓力
  - 為自己做出好的選擇
  - 建立親密關係的能力

發現青少年子女如何覺得被愛

- 發現每一個子女覺得被愛的主要方式：
  - 時間
  - 言語
  - 肢體的接觸
  - 禮物
  - 行動

  （《愛語祕笈── 與新一代溝通5式》蓋瑞．巧門著）
- 隨著孩子成長為青少年，其主要的「愛語」也可能改變

1. 一對一的時間

- 給予孩子全部的注意力十分重要
- 陪他們做某件事── 不一定要花很多錢
- 問他們最喜歡做什麼事
- 不用把標準拉得太高── 只要抓住時機，例如出去吃披薩，一起遛狗，一起運動或看球賽，一起去看電影或聽音樂會／演唱會
- 不妨每年挪出一段較長的時間單獨與每一名子女在一起

2. 肯定的言詞

- 我們對青少年子女說的話，很可能陪伴他們一生。
- 告訴子女你愛他們、以他們為榮
- 肯定他們（不只是他們取悅你的時候；也不只是為他們的成就）
- 肯定他們的外表
- 說五句正面的話來抵消每一句負面的話
- 找出可以稱讚的事情
- 充滿愛的言詞能建立孩子的自信，影響他們的態度
- 充滿愛的言詞可以用說的，也可以用寫的。

3. 愛的肢體接觸

- 肢體接觸可能會讓青少年難為情，但他們其實很渴望肢體接觸
- 避免令他們尷尬
- 當孩子漸漸有自覺的時候，要找出合適的時刻與方式來維持肢體的接觸。

4. 精心的禮物

- 用這種方式來表達我們無條件的愛——不是看他們行為或表現好不好才送禮物
- 在生日、聖誕節或其他重要節日作為紀念
- 用禮物來祝賀優良表現，或在孩子遭遇困難時給予安慰
- 小禮物也能帶來大影響
- 找出對每一個子女最特別的禮物

5. 服務的行動

- 定期為他們做一些事，以行動表示你對孩子的愛
- 找機會，額外為他們做些事
- 要小心別老是在救火——這樣他們就不能從錯誤中學到教訓

- 逐漸增加青少年的責任
  – 不要樣樣事都替他們做
- 要提醒他們，當我們或別人為他們做事的時候要說謝謝。

5和10週課程使用

練習

五種愛之語的順序

一對一的時間──肯定的言詞──愛的肢體接觸──精心的禮物──服務的行動

1. 對你自己和你的青少年子女而言，這五種愛的表達方式，哪一種最重要？請按重要性順序排列：

你自己：

1. ______
2. ______
3. ______
4. ______
5. ______

孩子：

1. ______
2. ______
3. ______
4. ______
5. ______

孩子：（若不只一個孩子）

1. ______
2. ______
3. ______
4. ______
5. ______

孩子：（若不只一個孩子）

1. ______
2. ______
3. ______
4. ______
5. ______

（子女數如在三個以上，請照樣列出順序）

請翻頁 ⇨

練習（續前）

2. 在未來的這一週，你要如何運用以上清單來幫助自己教養子女？

把你想要採取的作法寫下來，和一、兩個人討論。

10週課程使用

小組討論

1. 在你成長過程中哪一種愛的表達方式對你而言最重要？

2. 你的父母曾用哪種方式向你表達過愛嗎？請舉一個實例。

3. 那次讓你感覺如何？

4. 在這五種愛的表達方式中，哪一種是你最難向子女表達的？

家庭作業——完成第28-29頁的**練習 1**

下集　有效的溝通

調整我們溝通的方式

- 青少年時期的溝通並不簡單
- 大多數父母的學習曲線
- 成人與青少年的溝通方式大不同

許多成年人的溝通方式	大多數青少年的溝通方式
用理性、邏輯，一次談一個主題	意識流，不斷變換主題
解決問題，得到結果，改變行為	花很長時間講話，無意尋找解決方案
訓話或說教，有時變得嚴厲而強烈	喜歡留下開放式的結論；不需要有「重點」；為了談話而談話並樂在其中
質問的口吻： 「你有沒有……？」 「你是不是……？」等等	他們總在我們料想不到的時候開口談，通常不能用命令的方式要他們講
常引用大量經驗來支持論點；容易堅持一個看法	常引用有限的經驗來強調他們的論點；探索各種可能性
一定要知道整個情況，要曉得所有的細節	不大集中焦點；比較容易分心；專注於一件事的時間較短
一般都又催又趕，對於在短時間內達到成效有很高的期待	不能催趕，他們有自己一套時間表——往往是非常緩慢的

摘自提姆・史密斯《酷爸酷媽》（Tim Smith, *Almost Cool*）

- 如果讓他們把覺得難以和我們溝通的事講出來，那麼當我們需要把難以跟他們溝通的事說出來時，他們會比較願意聽我們的
- 有時青少年喜歡唱反調（如果我們變得嚴厲而強烈，他們的反應也會很強烈，宛如要跟我們過不去一樣）
- 給他們空間，尊重他們的隱私。不要企圖控制他們生活的每個層面。不要期待他們會把每一件事都告訴你。

與青少年有效的溝通

1. 給時間

- 要表現出我們隨時有空且願意聆聽，如此可幫助青少年說出內心感受。
- 當他們想談談的時候就要把握機會深入交談——這不一定會在我們最方便的時間！
- 固定撥時間和他們聊聊

2. 學習傾聽

- 把他們當小大人看（不要當小孩看），用心聆聽他們的觀點與感受。
- 「與青少年子女溝通要有效，父母要學習跟子女談話，而不是對他們說話……」～蓋瑞・巧門《愛語祕笈》
- 願意和他們討論，甚至辯論事情，而不是同一句話反覆地講：「你年紀太小，還不能交男朋友」，「毒品很危險」之類的話

3. 給予全部注意力

- 留意重要的時刻而專心聽孩子說話
- 不要一邊忙別的事情一邊聽青少年說話
- 保持目光接觸；留心觀察青少年子女的肢體語言

4. 對青少年的世界表示興趣

- 對他們感興趣的事情提問問題，並聆聽他們的回答。
- 把他們當獨特的個體看待，他們有自己的一套觀點和個人品味。

5. 聽聽他們的感受

- 容許他們表達負面情緒
- 不要貿然直接提出解決方法

6. 避免打岔

- 人平均只會聆聽17秒
- 要抗拒為自己辯護的念頭，也不要打岔和糾正

7. 複述孩子說的話

- 把你認為他們試圖表達的複述一遍，尤其是關於他們的感受
- 使用一些他們自己的語句

8. 適當地回應

- 給予引導和肯定
- 他們很可能一輩子記住我們講的話

9. 用長遠的眼光來看

- 與青少年深入溝通有時真是個大挑戰
- 溝通困難通常是由於他們正經歷這個階段
- 設法營造一個環境，讓對話變得容易，例如：吃飯的時間、花時間陪孩子做他們喜歡的事、用他們的「愛語」
- 如果你覺得擔憂，請尋求專業的協助或醫療的支持

5和10週課程使用

練習

複述

兩人一組，用幾分鐘練習「複述」：

一人扮演青少年，有件事想跟父母討論，另一人扮演父母。「青少年」告訴「父母」一件擔心的事情，例如：對於未能加入球隊或參加戲劇演出而感到失望；課業的問題；對某段友誼的擔憂；對於參加派對萬一有人拿毒品出來，不知道該如何應對而產生焦慮。

「父母」將事情複述一遍，尤其要複述剛才表達的感受。「青少年」再多談一點，「父母」再次複述。如此讓對話進行一、兩分鐘，然後角色交換。

5週課程使用

小組討論

1. 在「複述」的練習中，被傾聽的感覺如何？

2. 在傾聽方面，哪一點對你而言最重要，或最困難？

3. 你和你的青少年子女（或即將進入青少年的子女）之間，在何時有過相談甚歡的時刻？

4. 在你的青少年時期，五種愛的表達方式中哪一種對你最重要？

5. 你能不能回想一個特別的例子，當時你的父母用這種方式表達對你的愛？你的感受如何？

6. 五種愛的表達方式中，對你而言哪一種對最難向青少年子女表達？

家庭作業——寫完第28-30頁的**練習1**和**2**

10週課程使用

小組討論

1. 在「複述」的練習中，被傾聽的感覺如何？

2. 目前你與青少年子女（或即將進入青少年）的溝通是容易還是困難？請說明。

請翻頁

小組討論（續前）

3. 他們最有興趣的話題是什麼？

4. 在傾聽方面，哪一點對你而言最重要或最困難？

5. 你和你家的青少年子女（或即將進入青少年的子女）之間，在何時有過相談甚歡的時刻？

家庭作業——請完成第29-30頁的**練習 2**

家庭作業

練習 1

說肯定的話

給你的每一個孩子寫出五項正面的特質：

孩子名字：

1.

2.

3.

孩子名字：

1.

2.

3.

4. ______________________　4. ______________________

5. ______________________　5. ______________________

孩子名字：______________　孩子名字：______________

1. ______________________　1. ______________________

2. ______________________　2. ______________________

3. ______________________　3. ______________________

4. ______________________　4. ______________________

5. ______________________　5. ______________________

找一個人分享你所寫下的。

挑個好時機跟你的孩子（們）分享你所寫的。

練習 2

安排一對一的時間

1. 把你孩子感興趣的事情列出來：

孩子名字：______________　孩子名字：______________

1. ______________________　1. ______________________

2. ______________________　2. ______________________

3. ______________________　3. ______________________

4. ______________________　4. ______________________

5. ______________________　5. ______________________

請翻頁 ⇨

練習 2（續前）

孩子名字：＿＿＿＿＿＿

1. ＿＿＿＿＿＿
2. ＿＿＿＿＿＿
3. ＿＿＿＿＿＿
4. ＿＿＿＿＿＿
5. ＿＿＿＿＿＿

孩子名字：＿＿＿＿＿＿

1. ＿＿＿＿＿＿
2. ＿＿＿＿＿＿
3. ＿＿＿＿＿＿
4. ＿＿＿＿＿＿
5. ＿＿＿＿＿＿

2. 在跟孩子一對一的相處時間中，你能做什麼增進親子關係的事情嗎？然後把你能跟孩子一起從事這些活動的時間寫下來。

孩子名字：＿＿＿＿＿＿

活動＿＿＿＿＿＿

何時＿＿＿＿＿＿

孩子名字：＿＿＿＿＿＿

活動＿＿＿＿＿＿

何時＿＿＿＿＿＿

孩子名字：＿＿＿＿＿＿

活動＿＿＿＿＿＿

何時＿＿＿＿＿＿

孩子名字：＿＿＿＿＿＿

活動＿＿＿＿＿＿

何時＿＿＿＿＿＿

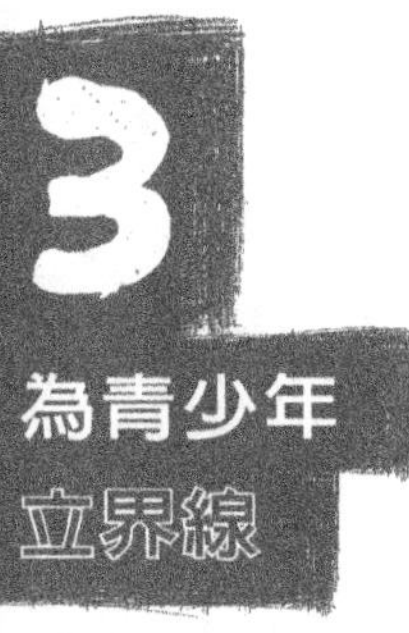

第一課：記住最終的目的

- 幫助青少年子女邁向成熟與獨立
- 我們的家需要成為安全的地方、學習人生重要價值觀的地方、好玩的地方，以及學習建立關係的地方
- 營造健康的家庭生活，方式包括：全家一起用餐、家庭時間（一起玩得開心），以及全家去渡假。

第二課：滿足青少年的需求

- 讓我們的青少年覺得被愛和被接納是非常重要的
- 五種表達愛的方式：
  – 優質的時間（一對一）
  – 肯定的言詞
  – 愛的肢體接觸
  – 精心的禮物
  – 服務的行動
- 每一個青少年都有一種（或不只一種）「愛之語」，特別能讓他們覺得被愛，並常保他們的情感槽盈滿
- 調整我們與青少年溝通的作風
- 傾聽的重要性
- 傾聽包含：
  – 給時間

- 給全部的注意力
- 對他們的世界表示興趣
- 聽他們的感受
- 不打岔
- 複述
- 適當地回應

討論：

- 過去這一週你是否嘗試過哪一種「愛之語」？若有，效果如何？
- 以上關於傾聽的重點中，有沒有哪一點讓你和青少年子女的關係變得不一樣？

上集　漸漸放手

「你們作父親的，不要惹兒女的氣，只要照著主的教訓和警戒養育他們。」

聖經

以弗所書6章4節

導言

- 致力於「權柄」型教養風格，不要採取溺愛型、忽略型或獨裁型教養風格
- 做法要既溫柔又堅定
- 在愛的前提下訂界線

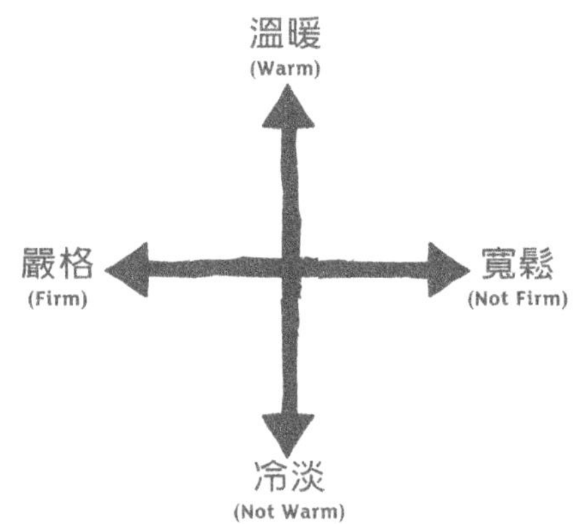

來源：《有毒童年》，作者蘇・帕媛

- 當孩子成長為青少年，我們已經不能像他們小時那樣控制他們了。
- 他們成長的文化可能和我們成長的文化不一樣
- 今天面對權柄者的態度已經和以前不一樣了
- 許多父母對於訂界線或運用權柄都沒把握
- 界線對於青少年還是很重要的
  - 為了他們的安全和好處著想
  - 為了我們的家庭生活
  - 為了讓他們邁向成熟
  - 青少年想要有界線
- 為青少年訂界線很難
  - 往往並沒有一個正確的、簡單的答案
  - 我們必須逐漸給他們更多自由
  - 我們作父母的也會犯錯
  - 我們很容易會自覺失敗、愧疚、害怕
  - 父母自我質疑是常見的，但不要認為自己像在走鋼索，你是在一條大道上，可以不斷改進你的教養風格
  - 每一個青少年都不一樣，有些比較難以訂界線
  - 以既不會太嚴格也不會太寬鬆為努力目標
  - 關鍵在於前後一致

如何為青少年訂界線

1. 記得我們跟孩子站在同一邊

- 我們是在幫助青少年邁向成熟
- 將他們愈來愈渴望獨立視為正常而健康的
- 需要逐漸交出控制權
- 沒有固定的時間表，每個青少年的發展速度不同

2. 從外在界線發展成內在界線

- 從父母的控制變成孩子的自制
- 不要太嚴格——容許他們從錯誤中學習

3. 信任會培養出可靠的品格

- 逐漸加給他們責任，好讓他們學習負責任

4. 給更多的空間

- 一開始要比較嚴格些，然後隨著他們展現責任心而逐步增加他們的自由。

「從限制孩子到給孩子自由……這個過程並不容易，因為你得有勇氣和決心嚴格執行，視你的青少年子女控制自己行為的能力，來決定他或她能有多少特權。沒有不勞而獲的事，你當站穩立場，抗拒讓步的壓力──這壓力不僅來自你的孩子，也來自其他青少年、其他父母，甚至來自社會。」

《如何真正愛你十幾歲的孩子》作者羅斯．康貝博士
（Dr Ross Campbell, *How to Really Love Your Teenager*）

- 先給了太多自由，後來卻不得不收回，表示教養方向已偏差

5. 讓他們自己作決定

- 在不會危害他們未來的事上，盡可能讓孩子練習作決定。
- 在他們能表達個人偏好的事上，給他們選擇的自由，例如：選衣服、房間的布置、髮型、零用錢的使用。

5和10週課程使用

練習

運用權柄

1. 你是否因以下任何理由而猶豫該為孩子訂界線嗎？

- 害怕青少年子女的反應 ☐
- 怕你的孩子不再喜歡你 ☐
- 覺得無法進入他們的世界 ☐
- 本身成長過程被過度嚴格限制，以致現在不想給自己孩子限制 ☐
- 認為訂不訂界線不會有什麼差別 ☐
- 相信青少年需要完全的自由 ☐
- 你自己的環境 ☐

其他原因

---

2. 你是否因以下任何原因而不願增加孩子自由嗎？

- 仍然想要掌控他們的生活 ☐
- 害怕孩子會犯錯 ☐
- 想要控制他們交友的對象 ☐
- 不喜歡他們個人的偏好 ☐
- 害怕其他大人會怎麼想 ☐
- 想要知道他們整天都在做些什麼事 ☐
- 總認為他們不夠負責任 ☐

其他原因

找一、兩位討論你所寫下的原因。

10週課程使用

小組討論

1. 在為你的青少年子女訂界線時，什麼是最難的？

2. 你是否在某些地方給孩子太多自由？

3. 你是否在某些地方太過嚴格？

4. 在這逐漸放手的過程中，哪一點對你很有幫助？

5. 你會讓孩子自己做的決定有哪些？

家庭作業——寫完第41-42頁的**練習1**

下集　鼓勵負責任

如何幫助青少年邁向獨立

- 清楚說明我們的期待
- 逐步增加他們的責任，例如：早上自己起床；自己準備上學；上學該帶的書本或體育用品自己要記得帶
- 讓他們承擔自己犯錯的後果
- 父母要漸漸從「掌控者」變成「顧問」

「父母面對兩種選擇，我們可以保持同一種模式不變（會把自己搞到想死），也可以領悟到隨著孩子長大，我們的方式也必須改變。……雖然不容易，但我們的角色必須從掌控者轉成顧問。顧問在做什麼？就是問問題，提供意見，分享經驗，給予提議，和預測結果。然而到最後關頭，顧問就得退後一步，讓客戶自己作決定。顧問了解什麼是他們能為客戶做的，什麼是不能做的，所以，是客戶本身去經歷過程和獲得最終結果。」

丹尼爾．漢恩在《酷爸酷媽》，作者提姆．史密斯
（Daniel Hahn in Tim Smith, *Almost Cool*）

1. 別嘮叨

- 嘮叨會導致青少年充耳不聞、把你的話當耳邊風
- 有時會使他們故意反其道而行

2. 規定越少越好

- 對真正重要的事說「不」，其他的事說「好」。
- 決定哪些事沒得商量
  ——不管別人怎麼想都不為所動。

- 可能的話，與其他父母在規定上取得共識，統一陣線

3. 確定你能解釋這些限制

- 青少年對這些界線需要一個解釋

「導致青少年叛逆的並不是權柄的堅持，而是權力運用的獨斷獨行，對於規定從不加以解釋，作決定的過程也不讓他們參與。」

羅倫斯．史丹柏格在《愛語祕笈》，作者蓋瑞．巧門（Laurence Steinberg in Gary Chapman, *The Five Love Languages of Teenagers*）

4. 作好商量的準備

- 跟你的青少年討論界線
- 要願意傾聽——重視他們的意見
- 要準備好改變你的心意，有些妥協。
- 對於重要的界線要堅定不移

5. 訂出適當的後果

- 訂出當違反規定或信任被濫用時，會有什麼後果
- 處罰方式不可太寬鬆也不可太嚴厲
- 花時間想想什麼能教導他們有責任心
- 有時對孩子最有效的方式，是讓他們經歷行為的自然後果——不要老是幫他們救火
- 有時候讓孩子知道我們的失望，即足以使他們改變行為

結論

- 鬧鐘的小祕訣
- 記住最後的目的

5週課程使用

小組討論

1. 你曾經教導青少年子女學習獨立嗎？你教導他們負起什麼責任呢？

2. 你跟孩子商量過哪些界線嗎？請舉一個例子，商量後的結果如何？

3. 你是否曾必須對某件事要求更加嚴格？結果是什麼？

4. 你發現哪些錯誤行為的後果，對學習負責很有效？

5. 你是否曾給他們機會去面對挑戰／追求興趣／探索／冒險前進？若有，你是否看到這些有助於他們越來越有責任心？

家庭作業——完成第41-43頁的**練習1**和**2**

10週課程使用

小組討論

1. 你曾經教導青少年子女學習獨立？你教導他們負起什麼責任呢？

2. 你跟孩子商量過哪些界線嗎？請舉一個例子，商量後的結果如何？

3. 你是否曾必須對某件事更加嚴格？結果是什麼？

4. 你發現哪些錯誤行為的後果，對學習負責很有效？

5. 你是否曾給他們機會去面對挑戰／追求興趣／探索／冒險前進？若有，你是否看到這些有助於他們越來越有責任心？

家庭作業——完成第42-43頁的**練習2**

家庭作業

練習 1

分辨重要的事

填寫以下的作業，看看你是否把最多的精力放在最重要的事上。

請依據左欄每一句敘述對你的重要性，在**第 I 欄**裡寫下 1, 2, 或 3（1 = 最重要的事；2 = 次要的事；3 = 最不重要的事）

然後依據你為兒女這方面的行為所付出的時間與精力，在**第 II 欄**裡寫下 1, 2, 或 3（1 = 最多時間與精力； 2 = 較少時間與精力； 3 = 最少時間與精力）

這兩欄的數字是否相符？若有不符者，請捫心自問，在為青少年訂界線上，真正最重要的事情是哪些？請誠實作答！

	I 事情的重要性	II 付出的時間與精力
1. 青少年的自制力		
2. 房間保持整潔		
3. 所有考試都拿最高分		
4. 手機話費帳單		
5. 對別人有禮貌、懂得體諒別人		
6. 衣著整齊（依照你的標準）		
7. 和具有正面價值觀的人作朋友		
8. 謹守行為，不碰酒和毒品		
9. 進入頂尖校隊 / 在全校音樂會上演奏		
10. 在他 / 她的身體任何部位穿洞		
11. 對他 / 她的朋友忠誠		
12. 進入他 / 她所選擇的學校 / 專科 / 大學		
13. 在與異性交往上負責任		
14. 對手足和朋友慷慨大方		

請翻頁 ⇨

練習 1（續前）

	I	II
	事情的重要性	付出的時間與精力
15. 刺青		
16. 要在規定時間內自己把作業完成		
17. 誠實		
18. 髮型要照你所喜歡的樣式		
19. 在與神的關係上有長進		
20. 對促進家庭和樂有所貢獻		

練習 2

商量界線

請寫下「沒得商量」的界線，至多五項；例如：關於毒品的規定，誠實，學校作業，性行為

1. ________

2. ________

3. ________

4. ________

5. ________

作業 2（續前）

寫下「可商量」的界線，至多五項；例如：就寢時間、派對、上社交網站的時間、看電視

1. ______

2. ______

3. ______

4. ______

5. ______

和你的青少年（或即將進入青少年）子女討論以上的界線清單，逐條解釋為什麼「沒得商量」或「可以商量」，然後仔細聽他們的想法。

在其中一項「可商量」的界線中，商量出彼此都同意的結論，包含如果他們違反界線會有什麼後果，要有折衷的心理準備。

複習

第一課：記住最終的目的

- 幫助青少年子女邁向成熟與獨立
- 我們的家應當成為安全的地方、學習人生重要價值觀的地方、好玩的地方，以及學習建立關係的地方
- 營造健康的家庭生活，方式包括：全家一起用餐、家庭時間（一起玩得開心），以及全家去渡假

第二課：滿足青少年的需求

- 藉由（一對一）時間、肯定的言詞、愛的肢體接觸、精心的禮物、服務的行動，向我們的青少年孩子表達愛
- 問自己每一個青少年子女需要哪一種「愛之語」，並常保他們的情感槽滿盈
- 謹記傾聽的重要性

第三課：為青少年立界線

- 記得我們要跟孩子站在同一邊
- 逐漸放手
- 給孩子更多的獨立
- 隨著孩子慢慢成熟，我們的角色要從掌控者轉成顧問
- 不要嘮叨

- 規定越少越好
- 願意跟孩子商量
- 對重要的界線堅定不移
- 一旦破壞信任或跨越界線時，訂立有效懲戒

> 討論
>
> - 過去這星期你是否不得不訂出什麼界線？
>
> - 結果如何？

上集　處理怒氣（我們的和他們的）

導言

- 青少年歲月往往是情緒風暴期
- 父母必需學習處理自己的情緒
- 我們需要幫助青少年處理他們的情緒，包括：
  - 學習控制怒氣
  - 知道如何解決衝突
  - 處理壓力
- 了解每個孩子的性情和個性

了解怒氣

- 生氣本身並沒有錯
- 生氣是我們不高興時的自然反應
- 怒氣可以用言語或行為來表達
- 我們都需要學習用建設性的方式來控制和管理怒氣
- 孩子一般至少需要18年才能學會用成熟的方式表達怒氣

- 對怒氣的反應不當
  - 未加控制的怒氣具有破壞力（犀牛型的行為）
  - 未表達／壓抑的怒氣是有害的（刺蝟型的行為）

「犀牛型」的行為	「刺蝟型」的行為
把怒氣轉為攻擊	把怒氣藏在心底
大吼大叫	試圖忽視自己的感受
說出後悔莫及的話	酸溜溜的挖苦
失控	退縮並躲在穿不透的牆後面
口不擇言亂罵人	變得冷漠而憤世嫉俗
怪罪其他的人	覺得緊張或害怕
變得一觸即發，容易被激怒	想要逃離、躲起來
變得橫行霸道、掌控一切	變得憂鬱

「不可含怒到日落。」

聖經

以弗所書4章26節

- 「轉嫁」的怒氣──把怒氣出在別人身上，有時甚至會出現在多年以後
- 處理怒氣必須從根源解決
- 一定要選擇原諒傷害我們的人，無論是最近或很久以前的傷害
- 生氣有神特定的目的，但時間不可過長

有效管理我們自己的怒氣

1. 別反應過度

- 找出是什麼導致你反應過度
- 是否因為HALT（你是不是餓了(Hungry)？焦慮(Anxious)？孤單(Lonely)？或累了(Tired)？）
- 找出能幫你按下「暫停鍵」的方式

2. 別傷人

- 不要給青少年子女貼標籤
- 指出他們錯誤的行為，但萬不可作人身攻擊
- 給他們機會並相信他們能改變

3. 別退縮

- 毋需避免所有的意見分歧
- 有所衝突或有問題需要面對時，不要置之不理或埋藏心中
- 必要時與他人面質並表達你的感受

幫助青少年有效地運用怒氣

- 既不鼓勵攻擊（犀牛型行為）也不鼓勵壓抑（刺蝟型行為），而是鼓勵他們表達令他們生氣的原由
- 不要期待很快就看到成效——學習適當地表達怒氣是一個緩慢的過程
- 當他們用不成熟的方式表達怒氣時，要控制自己不准他們生氣的衝動
- 試著不要用生氣來回應孩子的生氣
- 青少年往往用惹人生氣的行為（「消極的攻擊」行為）來表達怒氣
- 容許他們用言語表達怒氣
- 幫助他們在這學習的過程中能有節制地表達怒氣
- 讓你的家成為孩子可以表達負面感受的安全場所，包括表達悲傷與失望
- 找機會跟孩子討論什麼方式表達怒氣是適當的；什麼是不適當的

5和10週課程使用

練習

表達怒氣

請看表格中犀牛型和刺蝟型的行為敘述。

找出你自己和青少年孩子生氣時的行為傾向是犀牛型，還是刺蝟型。然後與一、兩位互相討論。

犀牛型行為 ⟷ 刺蝟型行為

描述家中每一名成員生氣時的典型行為。

名字	行為

10週課程使用

小組討論

1. 你的行為比較像犀牛型還是刺蝟型？

2. 什麼能幫助你用比較建設性的方式表達怒氣？

3. 你的青少年子女比較傾向犀牛型行為或刺蝟型行為？

4. 你如何幫助青少年子女在生氣的時候用討論事情的方式，而不要採用「消極的攻擊」行為？

5. 如何讓我們的家成為一個可以表達負面情緒的安全場所？

家庭作業——完成第55-56頁的**練習 1**

下集　化解衝突與處理壓力

化解衝突

- 界線可能會產生許多潛在的衝突
  - 青少年想要探索，父母想要保護
  - 他們想要跟朋友在一起，我們想要引導他們
  - 他們常覺得累，我們常擔心
- 他們需要看到我們有效地化解衝突

化解衝突的六個原則

1. 找出問題所在
   - 找出你們之間產生衝突的根本原因
   - 設法找出他們是碰到什麼狀況以致情緒不佳
   - 我們很容易因孩子情緒的不成熟而動怒，卻不設法找出孩子生氣的真正原因

2. 找最佳的時間和地點
   - 在什麼時間和地點親子雙方都能冷靜地討論事情？
   - 好好的討論而不要互相叫罵
   - 要有足夠的時間談，不被打斷
   - 不妨約個時間
   - 請你的孩子給你這段時間
   - 一起出去吃個飯或散個步也會有幫助

3. 討論而不要攻擊
   - 切勿妄下斷語
   - 事先仔細想好你要說的話
   - 把焦點放在要談的事情上，切莫離題
   - 用「我」怎樣的句子來表達你的感受，例如「當……我會很擔心」，或「當……我感到很挫折」
   - 聆聽孩子的看法
   - 把他們說的「複述」一遍（見第二課內容）
   - 輪流把話說清楚

4. 如果自己錯了，就要道歉
   - 以身作則很重要，為我們犯的錯道歉，也要原諒孩子犯的錯

5. 討論可能的解決之道
   - 避免固執己見
   - 和他們一起討論比嘮叨有效果

- 一起腦力激盪，為導致衝突的問題找出可能的解決方法
- 找到你和你的青少年都同意的解決方法
- 必要時提醒他們當初的協議

6. 保持開放的心胸
   - 對於沒得商量的事情要堅守立場
   - 對於其他事情要有折衷的心理預備
   - 和青少年子女一起討論事情、尋找解決之道的過程可拉近我們跟他們的距離

處理壓力

管理我們自己的壓力

- 想到必須成為「完美的父母」，會給我們製造焦慮，令我們招架不住
- 致力成為「還不錯的父母」就可以了
- 必要時尋求專業的協助

如何幫助青少年子女管理他們的壓力

- 生活中某種程度的壓力是無可避免的
- 感覺沒有人在背後支持，會給青少年帶來不健康的壓力

1. 幫助他們在成功與失敗之間找到平衡
   - 讓他們知道犯錯和失敗是人生的一部分──可以從中學習、成長、重新振作
   - 勿在他們身上加諸不切實際的期待
   - 要給予他們大量的鼓勵
   - 不要光稱讚結果，也要稱讚他們的努力
   - 經常告訴他們你愛他們本身，而不是因為他們多有成就

2. 避免拿孩子跟手足或同儕比較

- 如果他們的才華不太明顯，就要找其他的特質來稱讚他們
- 鼓勵他們作自己
- 支持他們追求自己的興趣和熱忱

3. 創造足夠的空間讓孩子能夠放輕鬆

- 必要時，減少課外和社團活動
- 有些事情只是為了好玩而做，無需特別目的
- 可能的話，利用吃飯時間、週末和假日來放輕鬆
- 讓他們看見我們的休息和放鬆

4. 跟孩子談他們擔心的事

- 製造談話的機會
- 有些青少年需要比較長的時間才會透露他們心中的擔憂，而且需要耐心引導她們說出心裡的話
- 讓他們說出負面的感受— 生氣、焦慮、害怕、不安全感、失敗感等等

更多關於處理怒氣和管理壓力，請看《親子教育（暫譯）》第4章

5週課程使用

小組討論

1. 你的行為比較像「犀牛」還是「刺蝟」？什麼能幫助你用建設性的方式表達怒氣？

2. 你的青少年子女是傾向於犀牛型行為，還是刺蝟型行為？當他們生氣時，你如何幫助他們用討論的方式來處理事情？

3. 化解衝突的六項原則中（見50–51頁），哪一項最引起你注意？

4. 從過去你和孩子的衝突中，有哪一次是你們一起成功化解衝突的呢？

5. 在你們家允許表達負面的感受嗎？什麼方式能幫助你的青少年子女表達他們的擔心、懼怕和焦慮？

家庭作業——完成第55-59頁的**練習1–3**

10週課程使用

小組討論

1. 化解衝突的六項原則中（見50–51頁），哪一項最引起你注意？

2. 你和青少年子女討論導致衝突的事情的最佳時間和地點為何？

3. 從過去你和青少年子女的衝突中，有哪一次是你們一起成功化解衝突的呢？

4. 在你們家允許表達負面的感受嗎？什麼方式能幫助你的青少年子女表達他們的擔心、懼怕和焦慮？

5. 在你們家可以容許失敗嗎？

家庭作業——完成第57-59頁的**練習2**和**3**

家庭作業

練習 1

有效地表達怒氣

找出你想要改變的「自然反應」，以及你可以怎樣改正。

無益的反應 ☑ 你有以下情況	要改變的地方 ☑ 你想要改變的
☐ 反應過度	☐ 按「暫停鍵」，例如：走出房間或默數到 10
☐ 妄下斷語	☐ 先聽完整個情況再回答
☐ 對孩子大吼大叫	☐ 改變說話的口氣
☐ 對孩子嘮嘮叨叨	☐ 問孩子能不能挪出時間坐下來討論這個導致衝突的情況
☐ 不惜一切代價維持和平	☐ 在重要的界線上和孩子有所商量
☐ 強迫孩子閉嘴	☐ 當孩子表達負面的想法與感受時，傾聽並複述
☐ 當孩子跨越界線時未能執行後果	☐ 有勇氣面對青少年的怒氣並劃定界線
☐ 變得冷漠而冷嘲熱諷	☐ 聽孩子的看法 ☐ 用「我」怎樣的句子來表達你的感受，例如「當……我會很擔心」，或「當……我會很挫折」
☐ 把棘手的情況留給配偶處理	☐ 和配偶一起訂界線並執行後果
☐ 收回感情	☐ 投入並引導孩子把想法和感受說出來 ☐ 問開放式的問題，亦即不能僅回答「是」或「不是」的問題

請翻頁 ⇨

練習 1（續前）

無益的反應 ✔ 你有以下情況	要改變的地方 ✔ 你想要改變的
☐ 不准孩子表達強烈的感受	☐ 鼓勵孩子適當地表達負面感受，如受傷、悲哀、失望、生氣、難堪
☐ 變得對孩子多所批評	☐ 每天都給孩子鼓勵
☐ 避免跟孩子在一起	☐ 花時間跟孩子在一起

找出你已經做的一個改變：

____

從你打勾的項目中選擇三項，並決定你可以從何時開始改變。

改變	何時開始
1. ____________	____________
2. ____________	____________
3. ____________	____________

練習 2

把六個步驟付諸實行

請用以下問題幫助你徹底思考當如何解決你跟青少年子女的衝突。

1. 找出問題所在。

請把目前導致衝突（如果有的話）的主要問題寫下來。

• ____________________

• ____________________

• ____________________

2. 找最佳時間與地點。

在什麼時間和地點討論這些事情應該不錯？

時間：____________________

地點：____________________

3. 用討論的，不要攻擊。

什麼能幫助你們冷靜地討論事情？例如：輪流開口講話

____

4. 如果是你弄錯了，就道歉。

有沒有任何事情是你需要道歉的？

____

請翻頁 ⇨

5. 討論可能的解決方法。

你和孩子一起討論過上述事情之後，想出了哪些可能的解決方法？

•

•

•

協議好一個解決方法，然後看成效如何——同意在若干天／週之後檢討

6. 保持開放的心胸。

關於那件事有什麼地方是你需要堅定立場的？

依你跟青少年子女的討論結果，你們在哪些地方做了折衷？

練習 3

管理青少年子女的壓力

1. 最令你孩子焦慮的是什麼事情？

你能如何幫助他們？

2. 當你的青少年子女為某件事感到焦慮時，他們會去哪裡？

____

他們為什麼會去那裡？

____

3. 是否有任何活動可讓你的青少年子女卸下無益的壓力？

____

____

複習

第一課：記住最終的目的

- 幫助青少年子女邁向成熟與獨立
- 我們的家應當成為安全的地方、學習人生重要價值觀的地方、好玩的地方，以及學習建立關係的地方
- 營造健康的家庭生活，方式包括：全家一起用餐、家庭時間（一起玩得開心），以及全家去渡假

第二課：滿足青少年的需求

- 藉由（一對一）時間、肯定的言詞、愛的肢體接觸、精心的禮物、服務的行動，向我們的青少年孩子表達愛
- 想想每一個青少年子女需要的是哪一種「愛之語」，並常保他們的「情感槽」滿盈
- 謹記傾聽的重要性

第三課：為青少年立界線

- 逐漸放手
- 從掌控者轉成顧問
- 規定越少越好
- 對重要的界線堅定不移，至於其他則願意跟孩子商量

第四課：培養健康的情緒

- 鼓勵孩子以健康的方式表達怒氣，而不要用攻擊（像犀牛）或壓抑（像刺蝟）的方式
- 讓孩子把負面的情緒說出來
- 藉著討論和尋求解決的方式，給孩子一個化解衝突的榜樣
- 幫助孩子管理壓力

上集　用更遠的眼光來看

導言

- 我們的工作是，幫助孩子裝備好面對重大的事情
- 我們需要跟他們談有關毒品、酒、性、和網路的使用等問題──絕不能因害怕避而不談
- 我們可以給他們很大的影響，但至終我們並不能控制他們的。
- 青少年所面對的壓力有：
  – 同儕壓力
  – 渴望被接納
  – 覺得沒有安全感
  – 相對主義：「只要感覺不錯，就去做」
  – 高度性慾化的文化
  – 較之以往，今天的青少年更講究形象
  – 易於取得毒品、酒和色情圖片影像
- 自尊心的建立十分要緊

傳遞資訊和價值觀

- 我們可以給青少年一個更遠的眼光，讓他們看見什麼是對他們和他們的未來最好的
- 幫助他們充分掌握資訊後做選擇
- 使他們能建構出一套道德架構，進退應對有所依據
- 我們是孩子做選擇時的主要影響者──我們自己也需要充分掌握資訊

1. 毒品

- 了解有關古柯鹼、大麻、迷幻藥等毒品對於健康（身體與精神）的不良作用，以及吸毒的動機
- 不要給青少年太多錢
- 用平常的方式跟青少年談毒品的事——間接的方式比直接的指責，容易讓青少年坦誠以告。

2. 酒

- 我們需要認定身教的價值，以自己的行為作孩子的榜樣
- 要知道多少含量的酒精對成年人的健康是安全的，方得以和孩子作通情達理的討論
- 要知道法律規定幾歲以下飲酒與買酒是違法的
- 拿一張「派對注意事項」跟你的孩子好好地談（《親子教育》第12章中有這份清單）

3. 性

- 給青少年自信，能夠說「不」
- 經常小談一下，會比一次刻意地大談特談好得多
- 找機會跟孩子談性這個主題，透過電視節目、電影、青少年雜誌上的文章、報紙上的報導等等，都是可以運用的方式
- 我們要先清楚自己對於色情刊物、墮胎、婚前性行為等的看法，才能夠跟青少年子女談我們的期望
- 務必跟青少年子女談論性傳染病的重大影響
- 要給他們一個觀念，性是高尚而美好的

4. 上網

- 網上溝通——和孩子談當中的機會和危險
- 幫助他們留意貼上網的資料訊息——跟他們解釋一旦放上網路就會一直存在那裡，有可能被任何人看到
- 限制他們上網的時間及／或玩電玩的時間，好讓他們可以再培養當有的社交技巧
- 安裝最新的網站過濾軟體，以保護青少年，免得接觸到不當的內容
- 最好的過濾軟體應是青少年的頭腦，如果我們能將做好的選擇所需的訊息和價值觀先輸入他們頭腦的話

SMART 安全上網聰明守則

（和你的青少年一起討論）

S SAFE 安全——要保持上網的安全就要小心謹慎，把個人資料給出去之前務必考慮是否安全

M MEETING 見面——和僅在網路上接觸的網友見面可能很危險，只有在父母／照顧者的許可並一同前往之下，才能夠和網友見面

A ACCEPTING 接收——接收電子郵件或打開你不認識的人寄來的檔案，都可能有危險，其中可能含有電腦病毒或不堪入目的信息

R RELIABLE 可靠——任何人都可以把任何事情放到網路上，而且別忘了，聊天室的人也會說謊的，不見得真的是他們所說的身分

T TELL 告訴——告訴你的父母／照顧者或老師，如果某人或某事令你覺得不舒服或令你擔憂時

5和10週課程使用

練習

長期的價值觀

1. 關於以下四方面，你希望你的青少年子女具備什麼長遠眼光與價值觀？

- 毒品
- 酒
- 性
- 上網

2. 為了給孩子較長遠的眼光，你需要把什麼資訊傳遞給他們？有關：

- 毒品
- 酒
- 性
- 上網

找一、兩個人討論你所寫的。

10週課程使用

小組討論

1.在現今的文化下，青少年面對毒品、酒、性和上網這四方面有什麼壓力？

2. 我們要如何幫助青少年建立一套道德框架，好讓他們的行為有所依據？

3. 關於以下四方面，你已經試著傳遞什麼樣的資訊、價值觀和較長遠的眼光給孩子了嗎？

- 毒品
- 酒
- 性
- 上網

4. 你訂了什麼樣的界線來幫助青少年子女學習做好的選擇？

家庭作業—完成第70-72頁的**練習 1**

下集　預備我們的青少年

如何幫助他們做好的選擇

1. 有時間和他們談話

- 當他們很想討論正在面對的選擇時，請挪出時間跟他們談

2. 沙盤推演

- 預先教他們一些應對的台詞，好讓他們感覺別人在施壓時，可以用來為自己解圍
- 運用角色扮演來幫助他們想像，他們的選擇會有什麼結果。

3. 向孩子清楚說明原因

- 談論一些危險的情況，例如：說明坐上喝醉酒的人駕駛的車子會有什麼危險
- 告訴他們為什麼他們的行為會使他們易受傷害，例如：幫助他們仔細想想如何穿著

4. 要與父母保持聯繫

- 要告訴你他們人在哪裡，如果計畫改變也要告訴你

5. 鼓勵孩子多活動身體

- 幫助他們找有建設性的、發洩精力的管道
- 鼓勵他們發展天分或興趣

6. 找一些好的榜樣

- 非洲諺語：「養一個孩子需要全村幫忙」
- 分擔一些我們作父母肩上的壓力
- 與更廣大的家庭培養關係
- 好的青少年團契可促進正面的價值觀，並提供同輩間的友誼，這些都是非常寶貴的
- 試著找幾位20幾歲、可作好榜樣的年輕人，讓他們參與你們的家庭生活。

7. 創造健康的傳統

- 傳統和儀式（固定的做法）可幫助孩童對自己的家庭有認同感和歸屬感
- 家庭的傳統有助於凝聚家人感情
- 也讓家庭生活更加充滿樂趣
- 對於傳遞我們的價值觀也很重要

8. 常常為孩子禱告

- 求神保護他們
- 求神保守他們良心清潔
- 為他們的品行禱告
- 禱告使我們能將自己的心願與恐懼帶到神的面前

結論

- 本課程的每一部分都是為了幫助我們的青少年做好的選擇
- 無論什麼挑戰，別忘了稱讚孩子正面的特質
- 永遠不要放棄你的孩子，不管怎麼樣，都要無條件地愛他們

「愛是永不止息。」

聖經

哥林多前書13章8節

5週課程使用

小組討論

1. 我們可以做什麼以打造正面而開放的環境，讓青少年子女可以跟我們討論毒品、酒、性、網路等話題？在何時你們曾有過一次非常好的親子對談？

2. 有什麼事或是誰，曾大大幫助你的青少年子女做出好的選擇？

3. 你們有什麼家庭傳統或儀式是令青少年子女樂在其中的？

4. 是什麼使家有青少年的你能繼續努力不放棄？

5. 上這門課以來你所聽到的，對你最有幫助的是什麼？

家庭作業——完成第70-73頁的**練習1**和**2**

10週課程使用

小組討論

1. 我們可以做什麼以打造正面而開放的環境，讓青少年子女可以跟我們討論毒品、酒、性、網路等話題？在何時你們曾有過一次非常好的親子對談？

2. 有什麼事或是誰，曾大大幫助你的青少年子女做出好的選擇？

3. 你們有什麼家庭傳統或儀式是令青少年子女樂在其中的？

4. 是什麼使家有青少年的你能繼續努力不放棄？

5. 上這門課以來你所聽到的，對你最有幫助的是什麼？

家庭作業——完成第73頁的**練習2**

家庭作業 

練習 1

面對挑戰

用以下表格找出你自己傾向的作法，先把不同教養類型的作法都看過後，再填寫你目前正面對的挑戰。然後請回顧整個課程，試著寫出你如何以權柄型的作法面對你的挑戰。

挑戰	獨裁型（嚴厲）的作法	溺愛／忽略型的作法	權柄型（負責任）的作法
青少年不做功課	唸他、懲罰他、強迫他	賄賂他，什麼都不做，救火——幫他作功課	表示感興趣，鼓勵青少年盡自己的能力去做，讓青少年自己承受不做功課的後果，好讓他學習負責任
青少年忤逆父母／不聽話	威脅、強迫、命令、反應過度	口頭威脅，但從不徹底執行。苦苦哀求，放棄	等雙方都冷靜下來之後再來討論。討論情況。執行後果
青少年「忘記」做家事	發脾氣，嘮叨，要求馬上就去做	自己去把家事做好	平靜地執行後果，例如，叫青少年去做一個需要花更多時間的家事
青少年在客人面前對父母無禮	當著客人的面羞辱青少年，小題大作	假裝沒注意到，求他要改一改行為	客人離開後再談這事。用「我」怎樣的句子來表達感受，例如：「當我們的朋友來我們家的時候，你都不跟他們說話，讓我覺得很尷尬。」
青少年打破窗戶	大發雷霆，過度反應，罵他「粗手粗腳」、「笨」、「不負責任」	說沒關係，自己動手清理並賠錢了事	保持鎮靜，示範給青少年看如何撿拾碎玻璃而不受傷。讓青少年支付修玻璃的錢。跟他談如何避免再犯

練習 1（接上頁）

挑戰	獨裁型（嚴厲）的作法	溺愛／忽略型的作法	權柄型（負責任）的作法
青少年打弟弟妹妹	論斷，還不知實情如何就怪罪，處罰	不去注意。安撫年紀較小的孩子，叫青少年不可以打弟弟妹妹	若可能，盡量讓青少年自己去解決爭端。用複述法傾聽，例如：「你好像很氣你的弟弟／妹妹。」必要時，把雙方拉開，帶到不同房間去
青少年一直不誠實	譴責他，對他吼叫，反譏他	給他找藉口，找理由說那並不嚴重	用「我」怎樣的句子來表達你的失望，例如：「你……讓我失望。」執行後果
青少年醉酒	威脅他、羞辱他、對他像對四歲小孩一樣	忽視這事，拿來當笑話講，沒有採取行動	攙扶他上床睡覺，隔天他酒醒後，跟他訂個時間好好談一談怎麼回事
青少年長時間掛在網上	不准他玩電腦，一分鐘都不許	心想青少年起碼是待在家裡，沒有去街頭混就偷笑了	訂時間限制，除非把功課做完，否則不准上網。鼓勵他多參與家人和朋友的社交
青少年想跟男友／女友上床	大怒，吼叫，指控他，羞辱他	讓青少年做他／她愛做的事。避談這個主題	跟青少年約時間一起討論什麼背景下的性行為才是正當。談論上床後又分手的影響
懷疑青少年已染上毒品	譴責青少年，不准他跟朋友出去	把毒品視為應付不了的大難題。希望有一天青少年會停止吸毒	跟青少年討論吸食毒品的長期影響。運用「化解衝突六原則」來協助青少年抵擋來自同儕團體的壓力
青少年不跟人溝通，並且有反社會行為	大怒，嚴詞批評	將任何互動減到最少：停止一起用餐	運用青少年的主要「愛語」來建立關係：保持全家人一起用餐

練習 1（接上頁）

挑戰	獨裁型（嚴厲）的作法	溺愛／忽略型的作法	權柄型（負責任）的作法
青少年拒絕和全家人一起出遊	堅持他非去不可，威脅他	放棄。青少年想怎樣就讓他怎樣	運用「化解衝突六原則」
自己面對的挑戰			
自己面對的挑戰			
自己面對的挑戰			

摘自奎因夫婦的《為人父母能做什麼？》Michael and Terri Quinn, *What Can a Parent Do?*

練習 2

實踐所學

本課程什麼內容對你最有幫助、你希望能好好記住？

1. ______________________________

2. ______________________________

3. ______________________________

附錄 1

課程嘉賓

我們對現身於DVD，分享親身經驗的父母和孩子表達真摯感謝，以下用粗黑字體表示的名字為主要受訪的家庭成員。

Abi
Dayo (19) Dami (14) Timi (7)
Abi 已婚，因丈夫人在國外，目前獨自教養兒女

Annie 和 Silas
Jessie (19) Zac (18) **Mo (16)** Minnie (13)
Tallulah (13)

Carol
David (20) **Peter (18)** Anna (16)
Carol 是單親

Chee-Chow 和 Tim Kee
Joel (22) **Rebekah (18)**

Con 和 Madeleine
Henry (15) **Amelia (12)** Tom (11)
Charlie (7) Johnnie (18 mths)

Dale 和 Ginny
三名成年子女。

Denise 和 Vincent
Daniel (23) Matthew (21)

Elaine 和 Peter
Hilary (27) Patrick (24) **Emma (19)**

Eli 和 Jon
Noelle (15) Jocosa (2)
Eli 曾是單親，獨力養育 Noelle 多年，後來和 Jon結婚，Jocosa 是她和Jon生的孩子。

Eric 和 June
Reanne (13) Sarah (11)

Helen 和 Ken
James (20) Naomi (18) Tom (16) Pip (14)
Joseph (12)
Helen 和 Ken 各自帶著前婚姻所生子女共組「混合」家庭，兩人一起教養這些孩子。

Jo 和 Tim
Bex (15) Luke (13) Emma (12)

Karen 和 Paul
Liam (23) Christian (21) Hannah (18)

Niyi 和 Oyinkan
Tosin (13) Obafemi (9) Adeolu (6)

Pandora
四名子女皆已成人
Pandora 是單親

Paul 和 Philomena
Patrick (16) **Emily (15) Johnnie (11) Max (10)**

Pauline 和 Owen
Yasmin (16) Rhianna (14) Daisy (10)

Simon 和 Janet
Matthew (17) Alastair (15) Dominic (12)

Steve 和 Rachel
Lauren (17) Liam (10)
Rachel 是 Lauren 和 Liam 的繼母

Weng
Alexander (18) Oliver (16)
Weng 是單親（共同監護）

附錄 2

教養專家

非常感謝以下教養「專家們」慷慨提供意見，並在DVD上現身說法。如欲了解他們的機構和出版品，請看以下連絡資訊（註：以下書籍除註明中文版出版社之外，其他書名均為暫譯，因無中文版。）

哈利・班森（Harry Benson）— 布里斯托社區家庭信託基金會（Bristol Community Family Trust）創辦人；投入家庭政策、研究與關係課程多年；著有《讓我們黏在一起：新手父母關係簿》（*Let's Stick Together: The Relationship Book For New Parents*）。網址：**bcft.co.uk**

陸欣妲・費爾（Lucinda Fell）— 國際兒童網（Childnet International）的政策與溝通主任，國際兒童網是非營利組織，旨在協助使網際網路成為對兒童青少年的一個安全又好玩的地方。如欲取得兒童網的廣大資源，以支援父母和照顧者，請上官網：**childnet.com** 與 **digizen.org** 。

葛妮絲・顧德（Glynis Good）— 夫妻與家庭關係諮商師，定居於愛爾蘭的都伯林，尤其關注支持年輕人渡過父母分開的衝擊和難關；著有《當父母離婚：給青少年的支持、資訊和鼓勵》（*When Parents SPLIT: Support, information and encour-agement for teenagers*）。網址：**whenparentssplit.com**

提摩希・姜斯（Timothy Johns）—私立山楂學校校長（Headmaster, The Hawthorns School, Bletchingly, Surrey RH1 4QJ），一所提供2至13歲兒童的學校（男女兼收、不供住宿）。

茱莉・姜森（Julie Johnson）— PSHE 顧問暨培訓師；在倫敦地區和各地舉辦親職工作坊；兒童與青少年家庭諮商師；人類天賜資源治療師（Human Givens therapist）；專門處理有關成長和青春期問題、霸凌、失去和改變，包括失親和父母離婚；著有《生氣》（*Being Angry*）、《霸凌與幫派》（*Bullies and Gangs*）（這兩本書皆屬於給5至10歲兒童的〈想法和感覺〉系列，出版社：Franklin Watts）以及《我對我的繼親家庭感覺如何》（*How Do I Feel About My Stepfamily*）。電郵地址：**julie.johnson@virgin.net**

羅伯．帕森斯（Rob Parsons）──「關懷家庭」機構（Care for the Family）主席暨創辦人；著有《60分鐘父親》（*The Sixty Minute Father*）與《青少年：每個父母不可不知的事》（*Teenagers! What Every Parent Has to Know*）等多本親職教養好書；常應邀至各國以家庭生活、企業為主題演講。如欲獲得家庭生活各領域的相關資源與支援，請上官網：**careforthefamily.org.uk**

艾立克．西格瑪博士（Dr Aric Sigman）──心理學家；生物學家；廣播節目主持人；商業演講人；著有：《被搖控器控制的人生》（*Remotely Controlled: How television is damaging our lives*）、《愛孩子，就是要管教！──幫助孩子走向自律的12個愛的管教》（*The Spoilt Generation: Why restoring authority will make our children and society happier*。中文版台北：新手父母出版社），以及《飲酒之國：在今日的飲酒文化下如何保護我們的孩子》（*Alcohol Nation: How to protect our children from today's drinking culture*）。網址：**aricsigman.com**

派蒂．斯普菁博士（Dr Pat Spungin）──兒童心理學家與家庭生活專家；著有《平安夜》（*Silent Nights*）、《海恩斯青少年手冊：父母實用指南》（*The Haynes Teenager Manual: The practical guide for all parents*）、《給父母的手足教養指南》（*The Parentalk Guide to Brothers and Sisters*）（與維多莉亞．理察森Victoria Richardson合著），以及《了解你的家人》（*Understand Your Family*）（顧問編輯）。網址：**drpatspungin.co.uk**

附錄 3

推薦閱讀

本課程書籍：

《親子教育（暫譯）》（*The Parenting Book*）
李力奇及希拉夫婦著（啓發國際，2009）
by Nicky & Sila Lee (Alpha International, 2009)

其他書籍（按作者英文姓氏順序）：

（註：以下書籍除註明中文版出版社之外，其他書名均為暫譯，因無中文版。）

如何真正愛你十幾歲的孩子（*How to Really Love Your Teenager*）
羅斯・甘伯醫師（台北：橄欖出版社）
by Ross Campbell, M.D. (Victor Books, 1993)

憤怒，愛的另一面（*Anger: Handling a Powerful Emotion in a Healthy Way*）
蓋瑞・巧門著（北京：世界知識出版社）
by Gary Chapman (Northfield Publishing, 2007)

愛語祕笈—與新一代溝通5式（*The Five Love Languages of Teenagers: The Secret to Loving Teens Effectively*）
蓋瑞・巧門著（香港：證主圖書中心）
by Gary Chapman (Northfield Publishing, 1997)

當父母離婚：給青少年的支持、資訊和鼓勵（*When Parents SPLIT: Support, information and encouragement for teenagers*）
葛妮絲・顧德 著
by Glynis Good (Blackhall Publishing, 2008)

我的身體是神奇妙的設計（*What is God's Design for My Body?*）
蘇珊・霍納 著
by Susan Horner (Moody Publishers, 2004)

美滿婚姻（*The Marriage Book*）
李力奇、李希拉合著（啓發國際，2009）
by Nicky & Sila Lee (Alpha International, 2000)

60分鐘父親（The Sixty Minute Father）
羅伯・帕森斯 著
by Rob Parsons (Hodder & Stoughton, 1995)

60分鐘家庭（*The Sixty Minute Family*）
羅伯・帕森斯 著
by Rob Parsons (Lion, 2010)

青少年：每個父母不可不知的事（*Teenagers! What Every Parent Has to Know*）
羅伯・帕森斯 著
by Rob Parsons (Hodder & Stoughton, 2009)

酷爸酷媽（*Almost Cool: You Can Figure Out How to Parent Your Teen*）
提姆・史密斯 著
by Tim Smith (Moody Publishers, 1997)

新世紀版青少年聖經（*New Century Version Youth Bible*）
(Authentic Media, 2007)

relationshipcentral.org

如果你有興趣更多瞭解有關兒童親子教育課程或青少年親子教育課程，
上課地點，或如何開設課程，請連絡

如果你有興趣了解有關基督信仰的事，並希望能與你附近舉辦啟發課程
的地點連繫，亦請先連絡

啟發課程辦公室

我們會為你詳盡說明與安排聯繫

李力奇與李希拉合著

《親子教育》（暫譯）

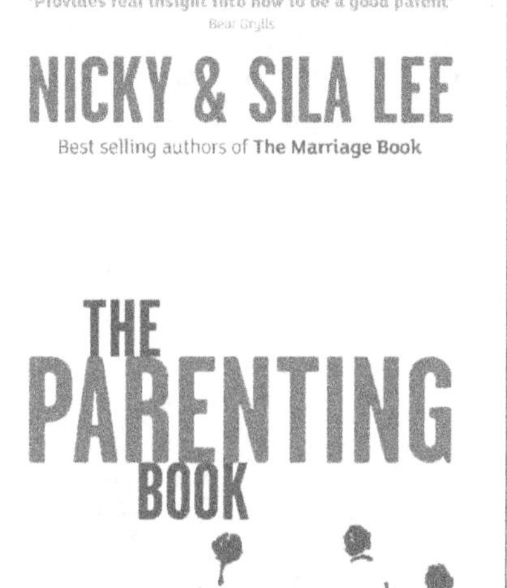

訂購請至：**alphashop.org**

ISBN 978 1 905887 36 1

Price £7.99

李力奇與李希拉合著

《美滿婚姻》

訂購請至：**alphashop.org**

ISBN 978 1 905887 36 1

Price £7.99

www.ingramcontent.com/pod-product-compliance
Lightning Source LLC
LaVergne TN
LVHW021943220826
846092LV00010B/1219

* 9 7 8 9 8 1 0 7 5 9 2 9 2 *